# OBSERVATIONS

## SUR LE

## TRAITÉ

### HISTORIQUE ET CRITIQUE

DE MONSIEUR *FOURNIER* LE JEUNE,

*Sur l'Origine & les Progrès des Caractères de Fonte, pour l'impression de la Musique.*

### PAR MM. GANDO, PERE ET FILS.

## A BERNE,

& se trouve à PARIS

Chez MOREAU, Libraire-Imprimeur de la REINE & de Mgr le DAUPHIN, rue Galande.

M. DCC. LXVI.

# OBSERVATIONS

## SUR LE

## TRAITÉ

## HISTORIQUE ET CRITIQUE

### DE *M. FOURNIER* LE JEUNE.

Il parut, au mois d'octobre dernier, une brochure *in-4°.*, ayant pour titre *Traité hiſtorique & critique ſur l'origine & les progrès des caractères de fonte pour l'impreſſion de la Muſique*, par *M. Fournier le jeune*, *adreſſée à MM. les Imprimeurs de France*.

Nous n'avons point été ſurpris de l'air de confiance & du ton avantageux qu'a pris M. Fournier, dans cet ouvrage; mais nous croyons avoir lieu de nous plaindre des traits mépriſans & injurieux que M. Fournier y a inſérés contre nous. Devoit-il oublier qu'il eſt des bienſéances reçues, des égards décidés dont aucune circonſtance ne doit diſpenſer ? Mais il oublie tout, pour ne

A ij

s’occuper que de lui-même , & chercher à abbatre tout ce qu’il croit pouvoir lui porter ombrage. De-là , MM. les Imprimeurs de Paris, ceux de province, les Fondeurs en caractères ſes confrères, les ſieurs Ballard ; en un mot , tous ceux dont il a eu occaſion de parler, ſont devenus , ſous ſa plume , l’objet de la critique la plus amère.

Quel qu’ait été le but de M. Fournier, nous ne ſuivrons pas la route qu’il nous a tracée ; & , dans l’examen que nous entreprenons de faire de la partie qui eſt ſingulièrement de notre reſſort dans ſon ouvrage, nous garderons toujours la modération & tous les ménagemens poſſibles, lors même que nous croirons devoir le rappeller à la vérité , dont il ne s’eſt que trop ſouvent écarté : le ton impoſant ne convient à perſonne.

Nous nous propoſons de donner quelques éclairciſſemens ſur les premiers progrès des caractères typographiques de muſique ; de prouver que, depuis 1695 , dernière époque des progrès de ces caractères , cette partie de l’art eſt reſtée dans l’inaction juſqu’en 1754 que M. Bréitkopf , fondeur & imprimeur à Léipſick , fit paroître les premières épreuves d’une nouvelle muſique , où il avoit changé la forme gothique des anciennes notes , & d’une partie des figures , en leur donnant l’air de muſique gravée ; que perſonne avant lui n’avoit tenté cette entrepriſe avec ſuccès ; qu’il eſt par conſéquent le ſeul à qui on doive donner le titre d’inventeur ; que M. Fournier n’a fait que copier ſa muſique, & qu’il n’a d’autre mérite que d’avoir imité ce que le ſieur Bréitkopf avoit imaginé & exécuté avant lui ; enfin , de faire voir que pluſieurs faits qui nous intéreſſent perſonnellement , & que M. Fournier a avancés comme vrais , ſont abſolument faux.

Mais, avant qu'il nous foit permis de donner une idée du livre de M. Fournier, & des vues qu'il fe propofe dans cet ouvrage, la fingularité, pour ne rien dire de plus, qui les caractérife, nous détermine à les remettre ici fous les yeux du lecteur.

M. Fournier, dans fon ouvrage, s'eft propofé deux objets principaux. Il rend compte de l'un & de l'autre, dans une épître dédicatoire adreffée à MM. les Imprimeurs de France : *Il leur annonce qu'il va leur procurer l'ufage d'une partie de leur art, dont ils étoient privés depuis longtemps, par l'abus d'un privilège particulier. Comme la durée d'un pareil privilège,* dit-il, *pourroit encore vous caufer quelques inquiétudes, il eft effentiel d'en apprécier la valeur. Pour cela,* continue-t-il, *il eft néceffaire de remonter jufqu'à l'origine des caractères de mufique : ce feroit autant de faits éclaircis pour l'hiftoire de l'Imprimerie.*

Le voilà donc protecteur déclaré, & en même temps hiftoriographe de l'Imprimerie de France. Si on l'en croit, la protection qu'il accorde à cet art dérive principalement des nouveaux caractères de fonte pour l'impreffion de la mufique, dont il s'attribue l'invention.

M. Fournier, pour prouver qu'il eft véritablement l'in-venteur des caractères dont il a donné des épreuves à la fin de fon ouvrage, remonte jufqu'à l'origine des notes de mufique, & defcend, de génération en génération, à l'époque de l'invention qu'il s'attribue. Chemin faifant, on n'a pas épargné les traits qui peuvent contribuer à fa gloire, fans trop s'embarraffer de dégrader l'honneur des autres artiftes qui courent avec fuccès la même carrière que lui. Il ne veut pas même qu'on les regarde comme des artiftes ; ce ne font à fes yeux que des *ouvriers* : c'eft l'idée qu'il prétend que le public en doit prendre , & qu'il espère même transmettre à la postérité , à laquelle il destine sans doute son morceau de l'histoire de l'Imprimerie.

Elle apprendra , par cet ouvrage , s'il va jusqu'à elle dans l'état où il est, que M. Fournier est le seul typographe François de son siècle. Il a eu la modestie, il est vrai, de ne le pas faire écrire en propres termes ; mais c'est la conséquence nécessaire qui résulte de plusieurs passages de son *Traité*. Il ne faut que les rapprocher pour en former la phrase qu'il a cru devoir déguiser.

La *typographie*, dit-il page 11 à la note, *est l'art de graver, de fondre & d'imprimer les caractères ; il n'y a que ceux qui possèdent cette science complette , qui puissent être nommés typographes.*

A la page 28 , à la note, il n'entend par graveurs-fondeurs , *que ceux qui , par la supériorité de leurs talens dans la gravure & la fonte des caractères , ont apporté à l'Imprimerie des avantages nouveaux , soit par la correction & perfection des caractères , soit par d'autres découvertes utiles audit art ; & non ces foibles imitateurs , qui n'ont d'autres talens que de contrefaire ce qui a été fait avant eux. Ceux-ci ne font que des ouvriers ; les autres font des maîtres , qui ont des droits incontestables à l'exercice de l'Imprimerie.*

Or , les seuls fondeurs , dont M. Fournier ait daigné faire mention dans son ouvrage , font M. Loyseau , & nous. A l'égard de M. Loyseau , il nous apprend , page 30 , qu'il a été son apprentif , en qualité de fondeur seulement : *Je n'ai jamais appris, dit-il, la gravure à personne.* Quant à nous , il observe , page 31 , que nous ne sommes graveurs ni l'un ni l'autre, mais seulement fondeurs. Et , comme il prétend que M. Loyſeau & nous, n'avons fait que l'imiter ; nous voilà tous les trois dégradés de la qualité de graveurs-fondeurs, & réduits *à la claſſe de ces foibles imitateurs, qui n'ont d'autres talens que de contrefaire ce qui étoit fait avant eux. L'art d'apporter à l'imprimerie des avantages nouveaux, par des découvertes utiles*, eſt donc réſervé au ſeul M. Fournier, qui, dans tout le cours de ſon ouvrage, prétend avoir inventé les nouveaux caractères pour la muſique. Donc, ſi la France n'avoit pas le bonheur de le poſſéder, elle ſeroit ſans typographe.

Mais comment concilie-t-il cette modeſte prétention avec la déclaration qu'il a fait imprimer à la page 28 de ſon ouvrage ? » Plus ſatisfait, dit-il, de l'honneur que je rece-
» vois par un arrêt du Conſeil qui m'avoit nommé impri-
» meur ſans me ſoumettre à aucun examen, que du titre
» d'imprimeur dont je n'ai pas été jugé digne par les ſyn-
» dic & adjoints, j'ai penſé que je ne ferois pas mal de me
» conformer à leurs vues ; &, croyant en effet que *la foi-*
» *bleſſe de mes talens* ne pouvoit me donner une place par-
» mi des perſonnes dont *les lumières & les connoiſſances*
» *typographiques ſont ſi étendues*, j'ai reſpecté leur juge-
» ment, en ne faiſant aucunes tentatives pour devenir mem-
» bre d'un corps, *dans lequel on n'admet à Paris que ceux*
» *qui ſont recommandables par la ſupériorité de leurs talens.*

Nous avons fait des efforts inutiles pour concilier ce paſſage avec les aſſertions rapportées plus haut. » Si M. Four-
» nier, diſions-nous, s'eſtime le ſeul typographe qu'il y ait
» en France, & ſi les typographes ſont les ſeuls qui aient
» des droits inconteſtables à l'exercice de l'imprimerie, com-
» ment a-t-il donc cru que la foibleſſe de ſes talens ne pou-
» voit pas le placer parmi les imprimeurs ? Et comment des

» imprimeurs, qui, n'étant pas typographes, ne devroient
» pas, felon M. Fournier, avoir la faculté de l'exercice
» de leur art, deviennent-ils tout d'un coup, à fes yeux,
» des perfonnes dont les lumières & les connoiffances typo-
» graphiques font fi étendues ? Comment forment - ils un
» corps dans lequel on n'admet que ceux qui font recom-
» mandables par la fupériorité de leurs talens « ?

La première idée qui nous eft venue, eft que M. Fournier avoit voulu égayer fon ouvrage par une ironie. Mais
auroit - il voulu, par une plaifanterie fi amère & fi peu
méritée, outrager un corps refpectable pour lui à tous
égards ; un corps dans lequel il puife prefque unique-
ment le fruit de fes talens & de fes travaux ? » Non, avons-
» nous dit, M. Fournier ne s'eft point permis un écart fi
» condamnable en lui, & qui feroit d'ailleurs marqué au
» coin de l'imprudence & de l'ingratitude «. Nous nous
fommes donc bornés à convenir que M. Fournier eft inin-
telligible pour nous, dans le fens de ces paffages ; & nous
abandonnons à de plus habiles le foin de les concilier.

Quoiqu'il en foit, dans les faits dont nous avons parlé
jufqu'ici, & dans plufieurs autres répandus dans l'ouvrage
de M. Fournier, il lui eft échappé beaucoup d'erreurs,
dont il ne faut pas que l'hiftoire de l'imprimerie foit char-
gée. Il eft quelques-uns de ces faits dont nous avons une
connoiffance perfonnelle ; les autres, nous nous en fommes
éclaircis par des voies fûres, & nos recherches nous en
ont procuré la certitude morale. Nous nous croirions
coupables envers notre fiècle & envers la poftérité, fi
nous ne mettions pas M. Fournier à portée de leur tranf-
mettre une hiftoire exacte & fidelle. Nous ne nous charge-
rons cependant pas de lui fournir les matériaux néceffaires

pour

pour réparer le tort qu'il a voulu faire à M. Ballard, &
de rectifier les anecdotes injurieufes échappées à M. Fournier contre une famille honnête : l'eftime publique dont
elle jouit depuis deux fiècles fuffit. feule pour la défendre
contre des imputations auffi déplacées.

Nous croyons devoir d'abord dire un mot fur les progrès des anciens caractères de mufique, relativement aux
chofes qui ont échappé à l'auteur du *Traité*; & nous ob-
ferverons pour cela le même ordre qu'il a fuivi lui-même.

*Guillaume le Bé grava, pour Adrian le Roy & Robert
Ballard, affociés à la charge d'imprimeur du Roi pour la
mufique en 1554 & 1555, quelques caractères de mufique & tablature de luth, pour être imprimés à deux fois,
c'eft-à-dire, les filets les premiers, & enfuite les notes :
mais on abandonna cette forte de caractères, comme fujette
à trop d'inconvéniens; l'on continua à graver les poinçons
de mufique portant leurs filets, comme on l'avoit déjà fait
pour la première fois longtemps auparavant.*

Le Bé a gravé quelques caractères de mufique pour Adrian
le Roy & Robert Ballard, pour être imprimés à une feule
fois, & il n'a gravé que les poinçons d'une groffe mufique,
& une tablature de luth pour être imprimée à deux fois (*A*).
Ses matrices, à la vérité, ne paroiffent pas avoir beaucoup
fervi; elles ont été confervées chez M. Ballard, où il fe
trouve encore une autre moyenne mufique gravée par Logis, pour être imprimée à deux fois. Les matrices de celle-ci paroiffent avoir fervi à fondre plufieurs fois (*B*). Quoi
qu'il en foit, ces deux fortes de caractères ne s'imprimoient
pas fur des portées d'une feule pièce, mais feulement fur
des filets détachés, que nous appellons *cadrats* : on voit,
parmi les poinçons & matrices, ceux des cadrats. Cette

manière ne diminuoit pas de beaucoup les blancs auxquels la musique imprimée a toujours été sujette.

Nous convenons assurément que les trois musiques gravées par Jacques de Sanlecque & son fils, font un chef-d'œuvre pour la précision des filets, la justesse des traits obliques qui lient les notes, & la parfaite exécution du tout, lorsque le caractère est neuf; car, pour peu qu'il ait travaillé, personne de l'art n'ignore que les filets s'émoussent, de même que les bouts des traits obliques qui lient les croches; & alors il se trouve dans ces musiques-là, toute belles qu'elles sont, des disjoints & des blancs, comme dans celle des Ballard, qui a aussi beaucoup de justesse quand elle est neuve. Nous ne doutons pas que cette raison ne soit la seule qui ait fait tomber la musique imprimée, & préférer la musique gravée. Celle-ci n'est pas sujette à tous ces disjoints, & ne fatigue pas l'œil par des séparations continuelles. Ce qui autorise encore davantage à le croire, c'est que l'on a gravé beaucoup de musique, dont les notes étoient de figures en losange, semblables à celles qui sont imprimées; mais on les préféroit à l'impression par les seules raisons que nous venons de dire (*C*).

MM. Ballard ont encore une musique gravée par Philippe d'Anfrie, qui porte le nom de *musique en copie*, ou d'écriture; elle est arrondie, & la queue est placée derrière la note, dans le goût actuel, si ce n'est que la note est beaucoup plus petite. Nous avons un livre imprimé avec cette sorte de *musique en copie*, chez Pierre Ballard en 1617, intitulé *Ballet du Roi*. C'est donc à Philippe d'Anfrie qu'est dû le premier changement des caractères typographiques de musique (1): ce fait devoit trouver place dans l'ouvrage de

_______

(1) Tous ces faits sont tirés d'un inventaire fait le 30 novembre 1639, après-

M. Fournier ; il l'a cependant omis (*D*). Le second changement appartient à Pierre Ballard, petit-fils de Pierre, & fils de Robert, qui n'avoit pas la charge d'imprimeur du Roi. Il fit graver une musique, dont les notes font encore plus arrondies que dans celle de Philippe d'Anfrie, & la grosseur plus conforme aux nôtres. Dans cette seconde musique, la queue tient au milieu de la note ; la clef de *fa* est faite, ainsi que quelques autres figures, dans le goût actuel. Nous avons une pièce de cette musique imprimée chez Pierre Ballard, rue saint Jacques à sainte Cécile en 1695 ; c'est un *nouveau recueil d'airs férieux & à boire, par de Bouffet* ( 2 ). Notre auteur, parlant de cette musique, page 18 , dit seulement que les notes y font un peu arrondies ; il avoue néanmoins que Pierre avoit tenté ce changement, que les privilégiés n'ont pas fuivi ( *E* ). Nous parlerons encore d'une autre faite par le même, dont la note est exactement ronde, sur laquelle M. Fournier garde encore le même silence (*F*). Il n'y a aucun indice du nom du graveur dont se servit Pierre Ballard, pour faire faire cette musique. N'étant parvenu à la qualité d'imprimeur que postérieurement à 1673 , il paroît qu'il ne la fit graver que long-temps après. Les graveurs de caractères ne finirent donc pas avec Jacques de Sanlecque en 1660 , comme le dit

---

le décès de Pierre Ballard , & figné par Vitré , imprimeur du Roi & du clergé de France ; Blaifot, marchand libraire, & Jacques Cottin , fondeur en caractères. Tous les noms des graveurs qui ont travaillé à la musique des Ballard , y font cités à côté de chaque forte de musique. Nous avons vérifié ce fait sur les poinçons & les matrices de M. Ballard, où nous avons vu que tous ces caractères de musique font gravés par Guillaume le Bé, Nicolas Devilliers, Philippe d'Anfrie, Nicolas Duchemin, Logis, & Jacques de Sanlecque.

( 2 ) Pierre Ballard, par une transaction paffée devant Valet, notaire, en 1696 , s'obligea de rendre ce fonds de musique à Chriftophe fon frere. Il est encore aujourd'hui au pouvoir de M. Ballard.

M. Fournier, page 16 du *Traité*, & il n'y eut pas un espace de soixante ans avant qu'il s'en formât d'autres en France. Nous le prouverons plus amplement ailleurs. On trouvera, à la fin, des épreuves de toutes les musiques dont nous avons parlé ci-dessus ; elles serviront à prouver les progrès.

Les graveurs en taille-douce, en changeant les notes de figure de losange en notes rondes, n'ont fait que suivre ce qui avoit été tenté avant par Philippe d'Anfrie & Pierre Ballard. Cette forme, beaucoup plus belle en elle-même, fut goûtée de tous les connoisseurs, & nous est restée jusqu'à présent.

Quoique la France ait été privée, pendant quelque temps, de graveurs de caractères, ce temps a été bien court ; & dans le petit nombre de ceux qui ont paru dans les années qui avoisinent cette privation, il s'en est trouvé qui étoient en état de faire faire des progrès aux caractères de musique (3), à moins qu'ils n'aient été retenus par le privilége, ou par la difficulté de faire disparoître les joints. Ç'a toujours été là, jusqu'à présent, l'écueil de toutes les musiques imprimées. Mais certainement M. Fournier conviendra que

---

(3) M. Fournier avance, page 16 de son *Traité*, que depuis la mort de Jacques Sanlecque, en 1660, il s'est écoulé 60 ans avant qu'il se formât d'autres graveurs en France ; ce qui iroit jusqu'en 1720. Il paroît singulier qu'il garde le silence sur M. Grandjean, célèbre graveur & fondeur, à qui l'imprimerie royale doit une partie de ses beaux caractères, & qui gravoit longtemps avant le commencement du siècle. M. Malherbe, graveur à la monnoie, a gravé de très-beaux caractères pour l'imprimerie, longtemps avant 1720. M. Alexandre a continué de graver les caractères du louvre. Cette fonction est maintenant remplie, avec distinction, par M. Luce. M. Fournier ne dit rien de tous ces habiles gens-là. Il semble qu'il veuille reculer jusqu'à lui l'époque où la France a été sans graveurs.

M. Keblin, très-habile graveur & fondeur, étoit bien en état de vaincre cette difficulté. Si ſa conduite eût répondu à ſes talens, il auroit ſurement perfeſtionné l'eſſai qu'il donna en 1746, à l'occaſion de la fête de ſon ami Fradet; & il auroit eu l'honneur de donner à la France l'invention de la muſique, qui n'eſt due qu'à M. Bréitkopf, fondeur & imprimeur à Léipſick, de qui il a paru des épreuves en 1754 de l'aveu même de M. Fournier, & des morceaux de muſique achevés en 1755. Nous avons préſenté à l'académie un livre de muſique imprimé à Léipſick dans cette même année. Notre auteur dit (4) *qu'il croit qu'on ne peut, ſans injuſtice, lui refuſer l'honneur de cette invention* ; il a raiſon, car il feroit le ſeul à croire le contraire : cependant la ſuite prouvera qu'il ne penſe pas ce qu'il dit.

Le méchaniſme dont M. Bréitkopf s'eſt ſervi eſt, ſans contredit, très-minutieux, & d'un détail très-long pour la compoſition. Sa muſique n'eſt fondue, comme le remarque très-bien M. Fournier, que ſur un ſeul moule ; ce qui ne fait que la cinquième partie d'une ligne de muſique ; il ſe trouve par-tout cinq pièces compoſées les unes ſur les autres, & quelquefois plus : de-là vient que, pour former une blanche, une noire & une double croche, il faut trois ou quatre pièces pour chacune. Mais on doit convenir auſſi qu'il n'y a rien de plus artiſtement fait, & de mieux fondu. Quoique le nombre des jonſtions qui ſe trouvent dans cette muſique ſoit immenſe, elles ſont ſi bien ménagées, & les morceaux ſi parfaitement bien rapportés, que ce n'eſt qu'avec une grande attention que l'on peut les appercevoir, après même que le caraſtère a ſervi pluſieurs

---

(4) Page 22 du *Traité.*

fois (5). Il feroit à fouhaiter que tous ceux qui l'ont copié, euffent auffi bien réuffi.

M. Fournier nous dit, page 23 de fon *Traité*, que, quelques années auparavant, il avoit médité lui-même fur les moyens de perfectionner les caractères typographiques de mufique (6) ; *mais qu'il avoit craint le privilége de M. Ballard. Voyant alors que l'opération de M. Bréitkopf étoit différente de celle qu'il avoit imaginée*, & qu'il pouvoit encore afpirer à la gloire d'inventer & de perfectionner, toutes fes craintes cefsèrent, & il commença fon caractère. Il vaudroit beaucoup mieux dire que cette nouvelle invention lui ayant donné des idées, & ouvert un moyen, il s'en fervit tout de fuite : il rendroit juftice à qui elle appartient. Il auroit dû d'autant moins fe permettre de s'ériger en inventeur, qu'un examen affez léger de la mufique de Léipfick, rapprochée de la fienne, fuffit pour faire voir clairement que celle-ci n'eft compofée que du méchanifme de la première, confondu avec celui de l'ancienne. Nous le prouverons dans la fuite.

Dans le mois de décembre 1756, deux ans & demi après M. Bréitkopf, & un an & demi après avoir reçu une épreuve de lui, M. Fournier fit inférer dans la gazette de Hollande une note par laquelle il annonçoit très-modeftement qu'*il venoit de donner un effai de nouveaux caractères de fonte pour l'impreffion de la mufique, qu'il avoit imaginés*

---

(5) On peut s'en convaincre par un livre de *cantates de Giovanni Placido Rutini*, imprimé en octobre 1756, dont le caractère n'eft furement pas neuf.

(6) Rien de plus aifé que de dire, j'avois médité & imaginé quelque chofe avant celui dont l'invention a paru la première. Il faudroit tout au moins, pour être cru, qu'il y eût autant de différence entre les deux opérations, que l'on voit de reffemblance dans celle de M. Fournier, avec celle de M. Bréitkopf.

*il y a quelques années ; qu'il en avoit suspendu l'exécu-*
*tion, parce que ce genre d'impression n'est permis en France*
*qu'à une seule personne ; mais ce que le sieur Bréitkopf, fon-*
*deur & imprimeur à Léipsick, fit graver l'année dernière (7),*
*a réveillé son attention à ce sujet ; & pour la gloire de la*
*typographie Françoise, il a imprimé une douzaine d'exem-*
*plaires contenant des morceaux de musique, pour être mis*
*dans le cabinet de quelques curieux. On ne peut rien ajou-*
*ter,* dit-il, *à la belle & élégante exécution de ces essais dont*
*il est l'INVENTEUR, le GRAVEUR, le FONDEUR, le COMPOSI-*
*TEUR & l'IMPRIMEUR ; la musique y est rendue aussi nette-*
*ment qu'en taille-douce, & n'a point ce coup d'œil désa-*
*gréable de la musique imprimée jusqu'à ce jour. Le sieur*
*Fournier joint à la perfection de son art celui d'en écrire &*
*d'en parler très-bien, comme on peut s'en convaincre par*
*plusieurs lettres sur l'imprimerie, insérées dans le journal*
*des sçavans, si connu dans la république des lettres (8).*
Ce chef-d'œuvre de musique tant vanté, & que M. Fournier avoue aujourd'hui n'être fait qu'avec une trentaine de
poinçons propres à imprimer à deux fois, usage qui n'a
jamais pu, selon lui, avoir aucune réussite, fut intitulé
*Essai,* parce qu'il devoit l'être de ceux propres à imprimer à
une seule fois qu'il préméditoit, & dont il avoit besoin de
prendre les dimensions (9).

Il est bon de remarquer que cet essai fut fait avec des

---

(7) M. Fournier annonce dans son *Traité,* page 21, que les premières épreuves ont paru en juillet & septembre 1754.

(8) Il a paru plusieurs petits ouvrages très-bien écrits, sous le nom de M. Fournier.

(9) Page 24 du *Traité.* Ce qui prouve combien l'auteur est rempli de modestie, lorsqu'il parle de ses propres ouvrages. L'essai méritant les louanges qu'il s'en donne, l'ouvrage entièrement perfectionné doit mériter l'admiration générale.

filets, ou portées de ce que nous appellons cadrats. Ce moyen étoit en ufage depuis long-temps ; mais il laiffoit voir toutes les jonctions & les blancs qui ne peuvent s'éviter entre plufieurs pièces de rapport qui doivent compofer un tout. Le méchanifme de cet effai étant différent de la mufique parfaite que nous a donnée M. Fournier, nous ne parlerons plus que de la feconde qu'il préfenta à l'académie des fciences en 1762. Mais, avant que de fixer notre attention fur ce chef-d'œuvre, reportons-la un moment fur les mufiques étrangères. *A peine eut-on vu le fuccès des nouveaux caractères de M. Bréitkopf,* dit notre hiftoriographe de la typographie, *que plufieurs perfonnes s'empreffèrent de l'imiter* (10) *; à Berlin le fieur Zinsk ; à Vienne le fieur Trattner ; à Harlem MM. Enfchede, fondeurs & imprimeurs, qui, quatre à cinq ans après la publicité des caractères de Léipfick, les firent imiter purement & fimplement. M. Rozard, graveur & fondeur pour lors à Harlem, leur donna quelques ouvertures pour rendre cette mufique moins compliquée ; ils firent faire en conféquence un fecond caractère : mais ce qu'il y a de fingulier, c'eft qu'en 1761, ils firent annoncer leurs caractères dans le journal étranger, en fe donnant pour inventeurs.* Il eft vrai que cela choque. Quoi, pour être les premiers en Hollande qui aient fait exécuter un caractère de mufique moins compliquée que celui de Léipfick, ils veulent fe faire paffer pour inventeurs ! Cela n'appartient qu'à M. Fournier,

---

(10) M. Fournier, qui nous donne la lifte de ces imitateurs, ne parle que de ceux des pays étrangers : mais l'exactitude dûe à l'hiftoire, devoit l'engager à inférer fon nom dans la lifte, comme imitateur François : il eut même l'avantage de prévenir tous les autres en diligence. Auffi l'effai qu'il donna alors, étoit-il loin de la perfection.

qui, n'en ayant pas fait davantage, ne laisse pas de croire avoir des droits bien mieux fondés qu'eux pour en prendre la qualité en France.

Examinons maintenant le méchanisme des nouveaux caractères dont M. Fournier se dit l'inventeur, & voyons s'il a mis en usage quelques nouvelles opérations qui puissent l'autoriser à prendre ce titre ; il ne lui reste que ce seul moyen-là, puisque ceux de Léipsick ont paru deux ans & demi avant les siens. M. Bréitkopf a gravé sa musique, comme nous venons de le dire, pour être fondue sur un seul moule ; c'est un méchanisme vraiment nouveau, mais qui est sujet à un détail très-long pour la composition. M. Fournier a levé la difficulté, en employant, par nouveauté, le méchanisme des anciennes musiques de MM. Ballard & de Sanlecque, lesquelles se fondent sur cinq moules. Il dit lui-même que les différentes clefs, les mesures, notes blanches, noires, simples croches & autres figures d'une même hauteur, sont fondues sur un seul moule. Les anciennes le sont aussi ; & nous prouverons dans l'instant que les notes blanches, noires, simples croches de M. Fournier, ne sont pas toutes d'une seule pièce, comme il le dit : il s'y trouve, de même que dans celles de M. Ballard, de grands filets ou ciseaux qui portent, sur leur longueur, l'épaisseur de six notes plus ou moins, lesquelles se couchent sur le plat à la première & dernière portée, & interrompent, par ce moyen, les blancs qui se trouvent entre les filets du milieu.

Voyons actuellement ce qu'il y a de commun dans ce méchanisme avec celui de Léipsick. M. Fournier dit qu'il a conservé aux simples croches la figure courbée en rond ; ce qui ne se trouve point dans les premières faites en Allemagne

Il auroit dû ajouter, Je les ai faites également de plusieurs pièces, puisqu'elles font, pour la plupart, de deux
& trois ; sçavoir, la note d'où part la naissance de la queue,
un filet qui fert à allonger cette queue, & la figure courbée en rond, qui, frottée au vif, joint de près le haut de
ce filet, & forme une simple croche composée de trois pièces mises les unes fur les autres (11). Les blanches font aussi
de deux pièces ; les noires de deux & trois : deux filets
perpendiculaires traversent chaque portée ; &, placés l'un
fur l'autre, fe rejoignent à la pointe de la note, & la font
entière. Cette méthode est exactement conforme à celle de
M. Bréitkopf ; il ne s'y trouve pas plus de pièces, non plus
qu'aux croches liées, simples, doubles & triples, lesquelles font exécutées avec un nombre infini de morceaux. Par
exemple, de trois simples croches liées, la première en
montant, ou la première en descendant, est formée de trois
pièces : les deux suivantes le font de quatre chacune, en
y comprenant la barre qui lie les trois notes (12) : les
doubles font de quatre & cinq pièces ; les triples de quatre,
cinq & six (13) : les barres qui fervent à lier les simples croches, fervent aussi pour les doubles, triples & quadruples,
en les plaçant les unes fur les autres, avec un ou deux filets
perpendiculaires pour allonger la queue de la note, fuivant qu'elle fe trouve haute ou baffe.

Autre imitation de la musique de Léipfick. On voit, dans
celle de M. Fournier, pour de simples croches, des barres

---

(11) Voyez la page 43, la cinquième
& fixième lignes.

(12) Page 41, la troisième ligne ;

même page, cinquième ligne.

(13) Page 45, la cinquième ligne.

particulières fort efpacées. Ces barres, qui lient les notes,
font de plufieurs pièces frottées au vif, & mifes à côté les
unes des autres (14) : les barres tranfverfales des mefures
font la copie la plus fidelle de celle de Léipfick, ainfi que
tout ce que nous venons de démontrer.

Pour peu que l'on ait une idée de l'art de l'imprimerie,
on apperçoit d'abord combien il fe trouve de difficulté pour
affembler toutes ces petites parties, & le danger où l'on eft
d'en oublier (15); combien la compofition d'un tel ouvrage
doit coûter au maître qui l'entreprendra; fans parler des
joints & des blancs qui s'y trouveront plus fréquemment que
dans les anciennes, puifqu'il y entre beaucoup plus de pièces de rapport : quel effet cela fera-t-il, pour peu que le

---

(14) Page 44, aux fixième & neuvième
lignes, on verra trois de ces barres pour
lier quatre fimples croches, qui font
elles-mêmes de plufieurs morceaux.

(15) Ainfi que cela eft arrivé à M. Fournier lui-même, qui connoît sûrement
fon méchanifme mieux que perfonne.
Voyez page 43, la deuxième ligne : il
y a un filet perpendiculaire oublié à la
fixième note, première mefure; & à côté
de cette note on a encore oublié un filet
horifontal. Le même oubli fe rencontre
à la petite mufique, page première, ligne
6; page 3, ligne 8. Cela doit être ainfi:
le méchanifme de ces deux mufiques étant
le même.

Voici une faute d'une autre efpèce :
plufieurs notes fe trouvent placées *cran
deffous;* c'eft-à-dire, dans le fens contraire à la pofition qu'elles devroient
avoir; en forte que, quoique la queue
doive fe trouver en bas, la pointe, qui

forme la naiffance de cette queue, fe
trouve en haut, & laiffe un intervalle qui
fait que ce qui devroit former la queue,
ne paroît qu'une barre ifolée, dont on
ne peut deviner l'ufage fans une attention capable d'arrêter la marche du mufi-
cien. Voyez page 43, ligne 2, cinquième note de la troifième mefure. On
pourroit faire remarquer plufieurs autres
fautes de la même efpèce, qui ne fe ren-
contreroient pas; fi les notes étoient
d'une feule pièce.

D'après ces fautes échappées à M.
Fournier lui-même, que doit-on atten-
dre de fa mufique entre les mains d'un
fimple ouvrier, ou même d'un maître
qui, ne fçachant que l'imprimerie, ne
connoît tout au plus que la troifième partie de ce qu'il faut fçavoir pour mériter
le titre de typographe ? Voyez la note
de la page 11 du *Traité.*

caractère foit ufé, puifqu'étant neuf & compofé avec tout l'art que doit avoir le feul typographe de l'Europe, l'œil le moins clairvoyant apperçoit fans peine tous les blancs dont cette mufique fourmille ? Et c'eft en cela feulement qu'elle ne reffemble point à eelle de Léipfick, dont les jonc-tions font fi bien rapportées, que c'eft avec bien de l'atten-tion que l'on peut les appercevoir, comme nous l'avons déjà dit.  N'eft-il pas bien étonnant que M. Fournier veuille ab-folument perfuader à tout le monde qu'il eft l'inventeur de la mufique, qu'il en avoit imaginé les moyens quelques an-nées avant M. Bréitkopf, pendant qu'il ne nous donne que long-temps après lui  une mufique dont une partie eft faite fur le méchanifme des anciennes, & tout ce qu'il y a de nouveau eft copié fur celle de Léipfick ? Nous croyons l'avoir démontré (16).

En 1764, M. Loifeau, graveur & fondeur, donna au public des épreuves de mufique de fa façon. M. Fournier l'accufe de les avoir copiées fur fon effai de 1756; & fe plaint de ce plagiat avec d'autant plus de fondement, que M. Loyfeau eft fon apprentif, mais fon apprentif *en qualité de fondeur feulement, n'ayant enfeigné la gravûre à perfonne.* D'après cela, affurément il ne devroit être permis à qui que ce foit de l'exercer. Le Parlement en a cependant jugé autrement,

---

(16) Quoique nous ayons cité toutes les figures qui entrent dans la mufique, & indiqué ce que nous y avons trouvé, peut-être le point de l'invention nous a-t-il échappé : nous attendons, pour être affurés de notre tort, la defcription du méchanifme que l'auteur nous pro-met en détail dans fon *Manuel Typo-graphique*, dont il promet les premiers volumes inceffamment. C'eft un ouvrage auquel l'académie travaille depuis long-temps, & à grands frais. M. Fournier a eu affez de confiance dans fa profonde érudition pour l'entreprendre, fans être effrayé du travail de l'académie.

puifque, par arrêt du 27 juillet 1765, rendu contre M. Ballard , il a autorifé M. Loyfeau à faire imprimer fa mufique
par-tout où il jugera à propos ( 17 ).

Voilà déjà bien des erreurs hiftoriques , dont M. Fournier
aura foin fans doute de garantir la poftérité, par une feconde
édition de fon Traité, revue , corrigée & augmentée. Mais
il en eft encore d'autres qui nous font perfonnelles , & fur
lefquelles il nous importe de lui fournir des mémoires exacts.
Il feroit fâcheux pour nous que les ouvrages de cet auteur
fiffent paffer notre nom dans les fiécles futurs , pour ne nous
y faire connoître que comme de vils ouvriers purement plagiaires. Nous ne prétendons point fortir de notre fphère ;
nous n'afpirons point à la région des génies inventeurs, des
Newtons , en un mot ; mais nous croyons devoir exiger
que l'hiftoriographe de la typographie nous laiffe à la place
que nous occupons dans cet art.

*Au mois de décembre dernier , dit* M. Fournier, *MM.
Gando père & fils, qui ne font graveurs ni l'un ni l'autre,
mais feulement fondeurs, ont fait graver quelques poinçons
de ces mêmes caractères de mufique imprimés à deux fois.*
Comment fe fait-il qu'ayant été inftruit du nom des graveurs
qui ont travaillé à Léipfick & à Harlem, il ait ignoré celui
qui a travaillé pour nous à Paris ? Nous avouerons que, jufqu'à l'effai de mufique que nous publiâmes en décembre 1764,

<hr>

(17) Perfonne de MM. les Imprimeurs
n'a douté qu'il ne leur fût permis d'imprimer de la mufique, lorfqu'ils le fou-
haiteroient ; & en fuppofant un moment
avec M. Fournier, qu'ils aient craint le
privilége de M. Ballard , l'arrêt du 27
juillet, dont nous parlons, leur auroit

appris qu'ils étoient libres. Il eft étonnant que plus de deux mois après , notre
auteur avance dans fon *Traité*, que c'eft
à fes découvertes que l'imprimerie eft
redevable de cette partie de fon art : cela
peut s'appeller, faire parade des plumes
du paon.

nous n'avions fait paroître aucun ouvrage entier, que celui-là, gravé fous notre nom ; & cette efpèce d'obfcurité, dans laquelle nous avions confenti à demeurer, a fans doute trompé M. Fournier. Il n'a pas imaginé que nous euffions pu commencer par où il a fini. Il eft parti de-là, pour décider que nous avions emprunté une main & des talens étrangers, fans beaucoup s'embarraffer de connoître le vil imitateur que nous avions employé. Car, felon lui, nos caractères font *comme ceux qu'il a publiés en 1756, & qui ont été imités par M. Loyfeau : auffi*, dit-il, *c'eft un double plagiat de notre part.*

Il y a fi peu de reffemblance entre la mufique que *nous avons gravée*, & celle de M. Fournier, qu'il ne faut pour en juger qu'un coup d'œil : un examen plus fuivi prouvera fi le méchanifme eft le même. Notre mufique eft gravée de façon que toutes les clefs, mefures, notes blanches, noires, croches & doubles croches détachées, font toutes d'une feule piece. Il n'y a qu'un feul poinçon pour chacune de ces figures, de même que pour les petites notes coulées : chaque note en fait une feconde en la renverfant, à l'exception du *fi* qui eft toujours *fi*. Le même poinçon, qui fait toutes les noires, fert également à faire toutes les croches liées, de quelque efpèce qu'elles foient. Il eft certain que, par ce moyen, il fe trouvera beaucoup plus d'égalité dans l'ouvrage ; puifque chaque figure eft par-tout la même. Les barres qui fervent à lier les croches, font toutes d'une feule pièce ; ce qui n'a encore été tenté par perfonne. Il en doit donc réfulter une grande facilité pour la compofition, puifque les fimples croches liées, doubles, triples & autres, ne feront jamais que de deux pièces, par conféquent à l'abri de tout oubli ; & n'auront qu'une feule jonction, lors même que le caractère fera ufé. Les filets ou portées ont encore bien moins de rapport avec la mufique de M. Fournier, qui les a faits, comme nous avons dit, avec des cadrats ; les nôtres font tous d'une feule pièce. L'œil ne fera jamais fatigué par les blancs, puifqu'il ne peut pas y en avoir.

Cette feule raifon nous a déterminés à employer la double retiration, qui feule peut rendre la mufique imprimée femblable à la gravûre : la difficulté des filets & de la note fur un même poinçon ne nous a point effrayés, comme M. Fournier le voudroit faire entendre. Si nous n'avions pas pu réuffir à rendre la double retiration facile, comme nous allons le faire voir, nous en aurions gravé une autre portant fes filets, où nous aurions fuivi le méchanifme que nous venons d'expliquer, & qui auroit été par conféquent beaucoup moins compliquée que la fienne. Nous avons également fait, avec un feul poinçon, deux fimples croches liées, qui font une note fur raie, & l'autre entre raie, de même qu'une autre qui fait les deux notes entre raie. Comme ces figures font très-fréquentes dans la mufique, nous n'avons point été retenus par la dépenfe des caractères ; & nous ofons dire que nous fommes les feuls qui en ayons de pareils. Il en eft de même des efpaces & des cadrats qui portent leurs filets ; ce qui rend la compofition bien plus facile, auffi bien que les corrections fur la forme, où l'on peut lire comme à l'ordinaire (18).

M. Fournier continue. *Malgré cela, le 16 janvier de cette année, ils n'ont pas craint de préfenter à l'académie des fciences une demi-feuille de papier imprimée d'un feul côté,*

---

(81) Il feroit curieux que M. Fournier nous eût prouvé la reffemblance de cette mufique-là à la fienne. Il a, fans doute, trouvé plus facile de nous accufer de double plagiat.

*avec cette forte de caractères, en demandant un certificat comme d'une chofe de leur invention. MM. les académiciens, trop éclairés pour compromettre leur jugement, ont décidé, le 27 avril fuivant, que les caractères defdits fieurs Gando étoient fufceptibles d'amélioration.*

M. Fournier nous permettra de lui dire qu'il eft ici bien loin de la vérité. Quelle eft la caufe de fa méprife ? Nous n'en cherchons pas le motif; faifons-lui l'honneur de le croire honnête, & fubftituons la vérité à l'erreur. Notre projet exécuté, nous en fîmes faire des épreuves (19) imprimées d'un feul côté, en une page *in-folio* de douze portées. Il étoit facile de voir que, s'il n'y avoit rien d'imprimé fur le *verfo*, c'eft que l'air étoit fini (20). Plufieurs perfonnes à qui nous en donnâmes, nous marquèrent leur fatisfaction. Dans le nombre, il y avoit des muficiens connus par leurs talens. Quelqu'un nous confeilla d'en préfenter une épreuve à M. d'Alembert; ce que nous eûmes l'honneur de faire. Il eut la bonté d'applaudir à notre ouvrage, & de nous affurer que nous pouvions le préfenter à l'académie. Nous avouons que, d'après le témoignage d'un homme auffi célèbre, nos craintes ceffèrent ; & nous le préfentâmes à l'académie, bien perfuadés que, fi elle décidoit en notre faveur, cela feroit d'autant plus glorieux pour nous, *que tous les membres étoient trop éclairés pour compromettre leur jugement.* L'académie des fciences nous fit délivrer une copie du

---

(19) Non pas chez M. Ballard, comme il eft dit dans la note de la page 31. Il n'en a pas imprimé une feule feuille. C'eft donc à tort qu'il eft accufé d'intelligence avec nous, pour furprendre les lumières de l'académie, & en tirer quelque parti ; il en étoit incapable.

(20) Nous en avons préfenté depuis à l'académie, imprimées des deux côtés ; ce que quelqu'un avoit affuré être impoffible, fans autre raifon que fa décifion.

rapport

rapport qui avoit été fait par Meſſieurs les Commiſſaires. Nous ne copierons ici que le certificat, le rapport ſeroit trop long.

*Nous concluons, de tout ce qui vient d'être dit, que la méthode d'imprimer la muſique du ſieur Gando mérite d'être tentée ; qu'on peut en eſpérer du ſuccès ; & que cette méthode fourniſſant une muſique où il ne ſe trouvera point de blancs entre les lignes & les notes, & qui reſſemblera par-là à la muſique gravée,* MIEUX QUE LES AUTRES, *elle mérite à cet égard l'approbation de l'académie ; pourvu qu'on obſerve ce que nous avons dit ſur les attentions néceſſaires à avoir dans l'impreſſion.* Signé, DUHAMEL DU MONCEAU, DE FOUCHY, & LE ROY.

*Je certifie le préſent extrait conforme à ſon original, & au jugement de l'académie. A Paris ce 2 mai 1765,* GRANDJEAN DE FOUCHY *, ſecrétaire perpétuel de l'académie royale des ſciences.*

Ce certificat ne fut point du goût de M. Fournier. Auſſi a-t-il écrit la réponſe qu'auroit dû faire l'académie, & que voici : *Ils auroient pu dire qu'ils devenoient inutiles à l'imprimerie, puiſqu'il en exiſte de plus parfaits.*

Pour nous, très-ſatisfaits de l'approbation que l'académie vouloit bien nous donner, nous cherchâmes à la mériter encore plus, en ſurmontant les difficultés qui ſe ſont trouvées juſqu'à préſent en imprimant deux fois ſur la même page. Les inexactitudes qui en réſultoient néceſſairement, ſont prévenues par une preſſe de notre invention ( 21 ). Elle imprime

---

(21) Nous avions fait quelques tentatives à ce ſujet, qui avoient réuſſi, & dont il eſt parlé dans le rapport de l'aca-

démie ; mais qui ne donnoient pas toute la ſatisfaction qu'on pouvoit deſirer.

D

les filets , les notes & les paroles en deux fois, à la vérité ;
mais fur le champ , fans ôter la feuille de deffus le tympan, &
fans lever la frifquette. Par ce moyen, il n'eft pas poffible que
le papier ait le temps de fe retirer ou de s'étendre. Nous en
avons fait plufieurs effais qui nous ont rendu conftamment
toute la jufteffe que nous pouvions defirer ; & nous avons eu
la fatisfaction d'avoir l'approbation de plufieurs Imprimeurs ,
& de plufieurs perfonnes , dont le goût & les lumières font
connues. Les épreuves ci-jointes font imprimées avec cette
preffe : on peut décider fi la rencontre eft jufte. Cette nouvelle invention ne fera pas bien coûteufe pour ceux qui
voudront fe la procurer ; elle pourra être utile pour imprimer le plein-chant, rouge & noir , qui eft expofé aux mêmes
difficultés ; nous en donnerons le méchanifme dans une autre
occafion.

Il fuit , de tout ce que nous venons de dire, 1°. que la
mufique de M. Fournier n'eft exactement qu'une copie de
celle de Léipfick : 2°. que la mufique que nous avons gravée
n'a aucun rapport avec celle de M. Fournier ; qu'il a été
mal inftruit, quand il nous a accufés de plagiat : notre méchanifme diffère totalement du fien, & de tous ceux qui ont
paru jufqu'ici. Ceux-ci, pour peu que le caractère foit ufé ,
auront le coup d'œil défagréable de la mufique imprimée
jufqu'à préfent , & obligeront toujours de recourir à la gravûre. Nous avons cherché à prévenir ce défaut , en donnant
à la nôtre , le plus qu'il nous a été poffible, une reffemblance
à la mufique gravée : c'eft ce que l'académie a attefté par fon
certificat , & ce qui a été reconnu de plufieurs perfonnes au
fait de l'imprimerie.

Que M. Fournier nous rende donc juftice ; &, fe chargeant
de la fonction d'hiftoriographe de la typographie, nous le

prions, puiſqu'il daigne faire attention à nous , en compoſant ſon ouvrage, de ne pas au moins nous y placer comme de ſimples plagiaires. Que de plagiats réels , que M. Fournier connoît bien , nous ſerions en état de prouver , ſi nous nous croyions faits pour inſtruire notre ſiécle & la poſtérité!

## F I N.

# SIX MORCEAUX D'ANCIENNE MUSIQUE,

## PROVENANT DU FONDS DE M. BALLARD,

*avec les noms des ARTISTES qui les ont gravés,*

pour démontrer les progrès de cette partie de l'Art typographique en France, jusqu'en 1695.

(A) *Groffe Mufique, pour être imprimée à deux fois, par* GUILLAUME LE BÉ.

(B) *Moyenne Mufique, pour être imprimée à deux fois, par* LOGIS.

(C) *Groffe Mufique, par* GUILLAUME LE BÉ.

(D) *Mufique en copie, par* PHILIPPE D'ANFRIE.

(E) *Mufique arrondie par* PIERRE BALLARD *en* 1695.

(F) *Mufique dont les notes font exactement rondes, par le même.*

# PSEAUME CL.

## PETIT MOTET,

*Par M. l'Abbé* ROUSSIER.

A PARIS,

Des nouveaux Caractères de GANDO & FILS.

M. DCC. LXVI.

# PSEAUME CL.

Andantino, & Crochea égalea.
Clavecin.
Accordò.
Laudate Dominum in Sanctis
6 — 7    7 4 3 6   6: 6
5            5 4 7

Clav.
ejus,    Laudate Dominum in Sanctis
5 — 4 3   6   6: 6
5 4 7
Tasti soli.    Accordo.

Mezzo forte.
Forte.
ejus, Lau--da-te e-um in firma-mento vir-
Piano.
tu--tis e----jus. Laudate Do-minum
Forte.
Piano,
Forte e maestoso.
Piano.
Forte.
in Sanctis ejus, Laudate, Lauda--te
Tasti soli.
Accordo.
eum in firma-mento vir-tu--tis ejus, in firma-
mento virtu-tis e----jus: Laudate Dominum

Crescendo.
Forte.
Tasti soli.
Accordo.
D.
in Sanctis ejus, Lauda - - - - - -
- - te, Laudate e - - um in firma - mento vir -
tu - t.s e - jus, in firma - mento vir - tu - - -
- - tis e - - jus.